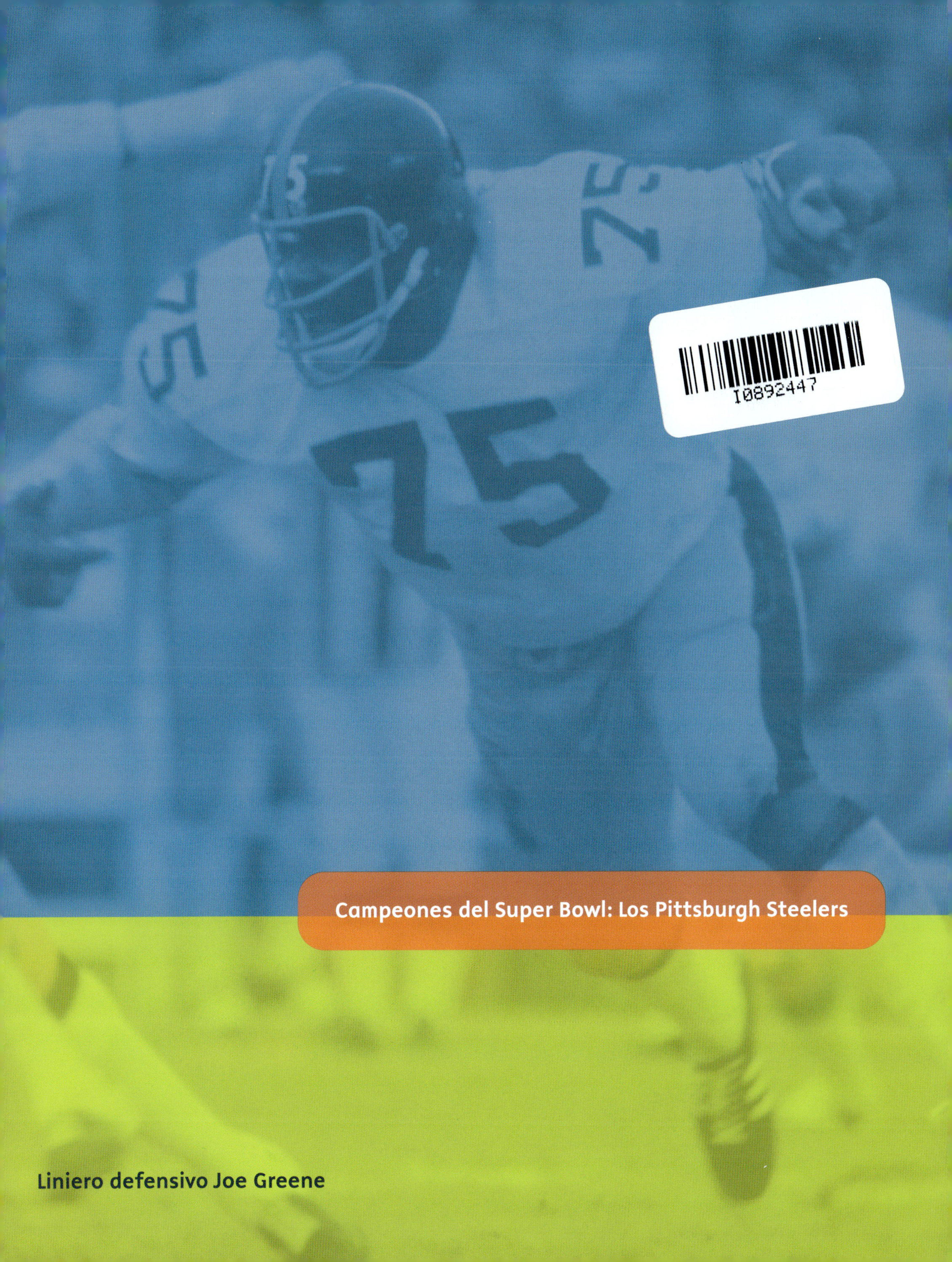

Campeones del Super Bowl: Los Pittsburgh Steelers

Liniero defensivo Joe Greene

Liniero defensivo Stephon Tuitt

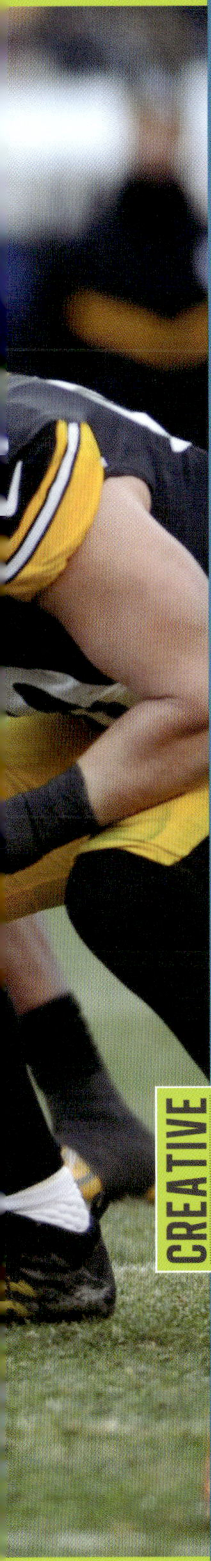

CAMPEONES DEL SUPER BOWL

# LOS PITTSBURGH STEELERS

MICHAEL E. GOODMAN

CREATIVE EDUCATION / CREATIVE PAPERBACKS

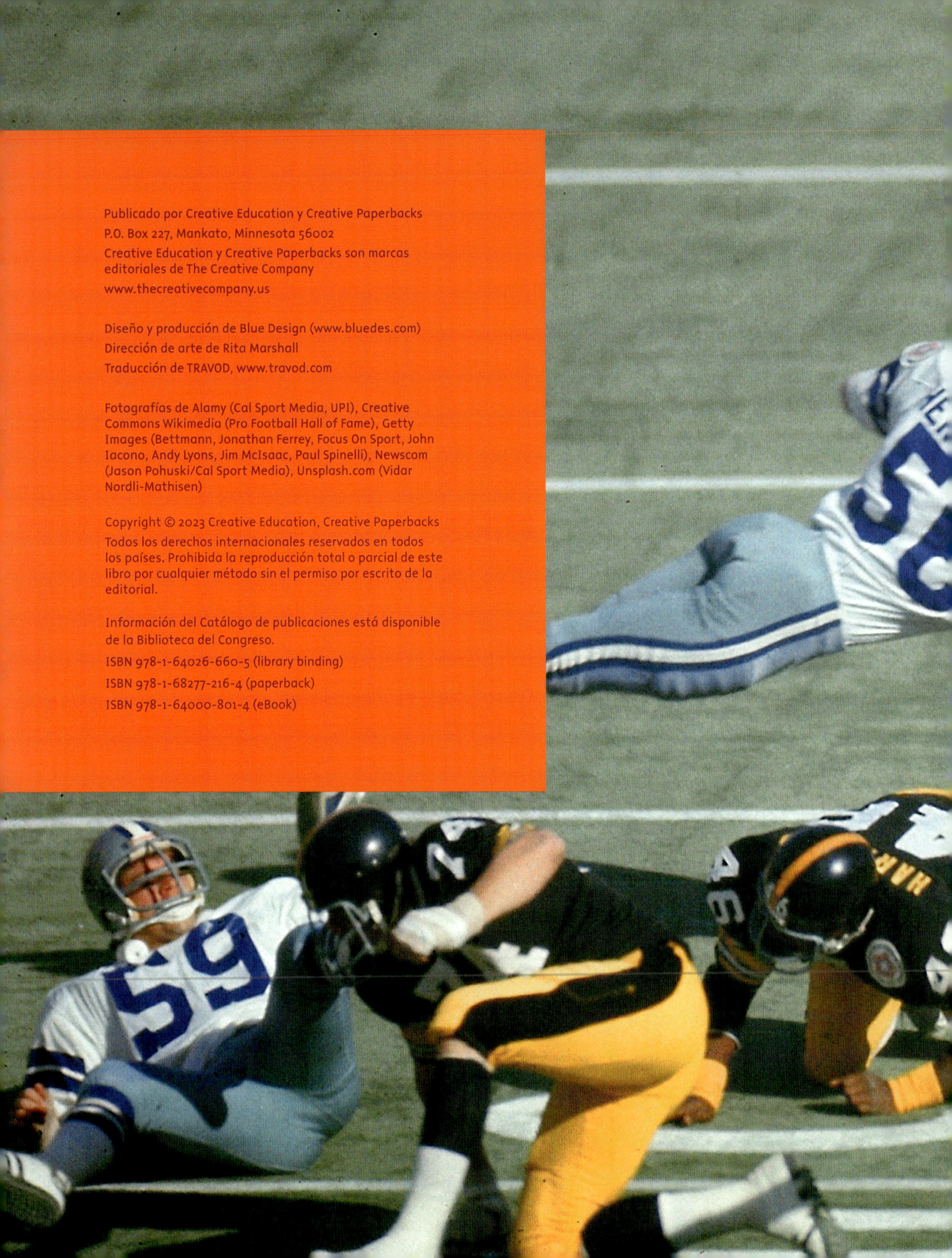

Publicado por Creative Education y Creative Paperbacks
P.O. Box 227, Mankato, Minnesota 56002
Creative Education y Creative Paperbacks son marcas editoriales de The Creative Company
www.thecreativecompany.us

Diseño y producción de Blue Design (www.bluedes.com)
Dirección de arte de Rita Marshall
Traducción de TRAVOD, www.travod.com

Fotografías de Alamy (Cal Sport Media, UPI), Creative Commons Wikimedia (Pro Football Hall of Fame), Getty Images (Bettmann, Jonathan Ferrey, Focus On Sport, John Iacono, Andy Lyons, Jim McIsaac, Paul Spinelli), Newscom (Jason Pohuski/Cal Sport Media), Unsplash.com (Vidar Nordli-Mathisen)



Información del Catálogo de publicaciones está disponible de la Biblioteca del Congreso.
ISBN 978-1-64026-660-5 (library binding)
ISBN 978-1-68277-216-4 (paperback)
ISBN 978-1-64000-801-4 (eBook)

Esquinero Mel Blount

Liniero defensivo Cameron Heyward

CONTENIDO

# Hogar de los Steelers

Pittsburgh, Pensilvania, es famosa por sus ajetreadas plantas acereras. Esta ciudad también tiene hospitales y escuelas importantes. La gente de Pittsburgh trabaja duro. También les encantan los equipos deportivos que trabajan duro. Su equipo favorito son los Steelers o acereros. Ellos juegan futbol americano en su estadio, el Heinz Field.

Los Steelers son parte de la Liga Nacional de Futbol Americano (NFL). Todos los equipos de la NFL intentan ganar el Super Bowl. El ganador es el campeón de la liga. Para 2021, los Steelers han ganado seis Super Bowls, ¡empatados para el más en la historia!

*Linebacker* James Harrison

# Elegirse el nombre de los Steelers

El equipo empezó a jugar en 1933. Al principio se llamaron los Pirates, los piratas. Era el mismo nombre que el equipo de béisbol de la ciudad. Los aficionados querían un cambio. El propietario eligió Steelers (acereros) porque el acero era muy importante para Pittsburgh.

Corredor Bill Dudley

Durante muchos años, los Steelers perdieron más juegos de los que ganaron. Rara vez llegaban a las **eliminatorias**. El mejor jugador fue "Bullet" Bill Dudley. Era un buen corredor y lanzador de pases. También pateaba y jugaba en la **defensa**.

# Historia de los Steelers

Los Steelers mejoraron en la década de 1970 después de contratar a Chuck Noll como entrenador. Él construyó una defensa sólida. Los aficionados la llamaban la "Cortina de Acero". Impedía que otros equipos lograran atravesar y anotar.

Los Steelers ganaron Super Bowls de forma consecutiva después de las temporadas de 1974 y 1975. El *quarterback* Terry Bradshaw lanzaba pases **precisos**. Los veloces receptores Lynn Swann y John Stallworth los atrapaban. El corredor Franco Harris era difícil de taclear.

*Quarterback* **Terry Bradshaw**

*Quarterback* **Ben Roethlisberger**

Los Steelers siguieron ganando. Ganaron dos Super Bowls más después de las temporadas de 1978 y 1979.

Después de eso, los Steelers tardaron mucho en volver a ser campeones. El *quarterback* Ben Roethlisberger se unió al equipo en 2004. Era alto y fuerte. La gente lo llamaba "Big Ben". Llevó a Pittsburgh a ganar **títulos** después de las temporadas 2005 y 2008.

## Otras estrellas de los Steelers

Los Steelers han tenido muchos defensores poderosos. Los *linebackers* Jack Lambert y Jack Ham eran parte de la Cortina de Acero. Ellos detenían a los corredores con tacleadas fuertes. En la década del año 2000, el profundo fuerte Troy Polamalu atrapó muchas **intercepciones** de pases. Todos estos jugadores están en el Salón de la Fama.

Profundo fuerte Troy Polamalu

Receptor abierto JuJu Smith-Schuster

En la década de 2020, los Steelers tienen nuevas estrellas en la **ofensiva** y la defensa. El ingenioso receptor abierto JuJu Smith-Schuster es difícil de atrapar. El *linebacker* T. J. Watt es resistente y fuerte. Están trabajando duro para llevar pronto otro título a Pittsburgh.

# Acerca de los Steelers

Comenzaron a jugar: En 1933, como los Pirates

Conferencia/división: Conferencia Americana, División Norte

Colores del equipo: negro y dorado.

Estadio: Heinz Field

**VICTORIAS EN EL SUPER BOWL:**

IX, 1975, 16–6 contra los Minnesota Vikings

X, 1976, 21-17 contra los Dallas Cowboys

XIII, 1979, 35–31 contra los Dallas Cowboys

XIV, 1980, 31-19 contra los Los Angeles Rams

XL, 5 2006, 21-10 contra los Seattle Seahawks

XLIII, 2009, 27-23 contra los Arizona Cardinals

Sitio web de los Pittsburgh Steelers: www.steelers.com

# Glosario

**defensa** — los jugadores que intentan evitar que el otro equipo anote

**eliminatorias** — juegos que llevan a cabo los mejores equipos después de una temporada para ver quién será el campeón

**intercepciones** —recepciones realizadas por un jugador defensivo de pases lanzados por el otro equipo.

**ofensiva** — los jugadores que controlan el balón e intentan anotar

**preciso** — certero

**título** — en los deportes, es otra palabra para un campeonato

Profundo libre Minkah Fitzpatrick

# Índice